Inhalt

Vergütungsmanagement - wie transparent sind Gehaltsstrukturen?

Kernthesen

Beitrag

Fallbeispiele

Weiterführende Literatur

Impressum

Vergütungsmanagement - wie transparent sind Gehaltsstrukturen?

I.Lukmann

Kernthesen

- Der Anteil der variablen Vergütung an der Gesamtvergütung steigt zunehmend. (1)
- Unternehmen erkennen, dass eine zukunftsorientierte Vergütungspolitik flexibler gestaltet werden muss. (4), (11)
- Konzepte wie eine Compensation Policy motivieren Mitarbeiter, mit Hilfe eines ausgereiften Vergütungsmanagements, welches eigene Leistung, Fähigkeiten und Entwicklungsmöglichkeiten mit berücksichtigt. (9)

Beitrag

Motivierte Mitarbeiter tragen durch ihr Engagement dazu bei, den Unternehmenswert (respektive Effizienz und Wettbewerbsfähigkeit) zu steigern. Unternehmen versuchen daher, die Motivation ihrer Mitarbeiter zunehmend über ein leistungsorientiertes Vergütungskonzept zu steigern. In den letzten Jahren sind immer mehr starre Vergütungskonzepte durch ein variables Vergütungsmanagement ersetzt worden. Hierfür braucht das Unternehmen/Management jedoch genau definierte und überprüfbare Zielvorgaben, aber auch eine entsprechende Unternehmenskultur. Dabei wirken nicht nur monetäre Größen motivierend, sondern auch die messbare und dadurch ableitbare Anerkennung der Leistungen. (1)

Ein Vergütungsmanagement mit einem variablen Element ermöglicht es dem Unternehmen, seine Personalkosten am Umsatz des Unternehmens zu orientieren. Auf diese Weise erhalten Mitarbeiter bei hoher Auftragslage und damit höherem Arbeitsaufwand auch eine höhere Vergütung. Bei sinkender Auftragslage sinken auch die Gehälter entsprechend. Voraussetzung für eine solche Vergütung ist die Einführung von Kriterien und Zielen, anhand derer die Leistung objektiv und nachvollziehbar gemessen werden kann. Dabei sollten neben leicht messbaren Größen auch weiche Faktoren in die Leistungsbeurteilung der Mitarbeiter einfließen. (4), (11)

Letztlich ist es wichtig, dass die Einführung einer leistungsorientierten Vergütung immer mit einem ganzheitlichen Personalmanagement einhergeht, da eine Vergütung nach Leistung ansonsten lediglich ein Kontrollinstrument darstellt. Die Einführung von Vergütungssystemen ist in jedem Fall eine Möglichkeit, Transparenz und damit Fairness in die Gehaltsstrukturen eines Unternehmens zu bringen. (1)

Compensation Policy

Hinter dem Begriff Compensation Policy steckt ein Konzept, mit dessen Hilfe Mitarbeiter zu einem Handeln motiviert werden, dass sich nicht nur an kurzfristigen Interessen orientiert, sondern als Ziel eine langfristige und nachhaltige wirtschaftliche Handlungsweise fördert und belohnt.

Total-Compensation-Ansatz

Bei diesem Ansatz werden Grundgehalt und so genannte Short- und Long-Term Incentives. Letztere sollen in Zukunft zunehmend von der Wertentwicklung des Unternehmens abhängig sein.

Fixe Vergütung im Marktvergleich

Die Zahlung der Grundvergütung orientiert sich an einem dem Stellenprofil entsprechenden marktüblichen Wert. Dabei bezahlt das Unternehmen den Arbeitnehmer in der Regel auf einem mittleren Vergütungsniveau. Die Gesamtvergütung ergibt sich anschließend aus der Korrelation zwischen den eigenen Leistungen und dem finanziellen Erfolg des Unternehmens. Aus diesen Zusammenhängen zeigt sich anschließend, dass die Streuung der Gesamtvergütung zwischen über- und unterdurchschnittlichen Mitarbeitern in diesem Modell sehr weit auseinander liegen kann.

Broad Banding

Die bisherige Differenzierung der verschiedenen Gehaltsstufen erfolgt zurzeit häufig noch nach Kriterien wie dem Senioritätsprinzip oder straffen Hierarchiestufen. Diese werden in neueren Modellen durch eine Umgestaltung der Führungskreise einerseits und durch die Einführung von breiten Gehaltsbändern andererseits umgesetzt.

Stellenbewertung

Positionen werden mittels Punkten bewertet. Hierzu werden zum Beispiel Kriterien wie Wissen oder Berufserfahrung bewertet. Diese lassen jedoch einen weiten Interpretationsspielraum offen. In Zukunft werden Maßstäbe zur Einstufung von Stellen in Bezug auf ihre Relevanz und ihres Beitrages an der Output-Schöpfung immer wichtiger.

Individuelle Gehaltsentwicklungen

Individuelle Gehaltsentwicklungen hängen neben den oben genannten Zusammenhängen auch davon ab, inwieweit ein Mitarbeit an seiner eigenen Performance arbeitet. Die Weiterentwicklung der eigenen Kompetenzen wird häufig mit Hilfe so genannter Competency-Management-Systeme, dem Talent-Management oder der Personalentwicklung umgesetzt. (9)

Modernes Vergütungsmanagement am Beispiel des Vertriebes

1. Leistungsklarheit: Die Vergütungssysteme sind zurzeit noch zu stark auf den Umsatz fokussiert. Das heißt, dass die bisherigen Systeme der Umsatzprovisionen in Zukunft durch ergebnisorientierte Leistungsziele ersetzt werden sollten, da eine Orientierung an Umsatzprovisionen nur ein kurzfristiges Anreizsystem darstellt.

2. Leistungsfähigkeit: Die oben beschriebenen Competency-Systeme lassen sich auch im Vertrieb anwenden. Neben der Grundvergütung werden die Eigenschaften der einzelnen Stellen bewertet. Damit werden die jeweiligen Grundanforderungen an den spezifischen Vertriebsstellen deutlich. Hierzu zählen zum Beispiel: Fachwissen, methodisches Leitungswissen oder Kommunikationsleistungen. Daneben sind rollenspezifische Verhaltensweisen wie Entscheidungsverhalten, Kreativität und Innovationsleistungen, Kundenorientierung, Qualitätssicherung oder unternehmerisches Denken im Vertrieb ebenfalls gefragt.

3. Leistungsmotivation: Zahlreiche variable

Vergütungssysteme bzw. Bonussysteme vernachlässigen den Umstand, dass die Grundvergütung bereits einem gewissen Leistungsniveau entsprechen muss. Das heißt, dass die Zielvorgaben für den Mitarbeiter, die dem Grundgehalt entsprechen, nicht zusätzlich Bestandteil der Zielvorgaben des Bonussystems sein dürfen. Dies würde dazu führen, dass der Mitarbeiter möglicherweise von denselben Zielvorgaben doppelt profitiert.

4. Leistungsklarheit: Ein zielorientiertes Vergütungssystem bewirkt in vielen Unternehmen Unzufriedenheit zwischen den Mitarbeitern. Dies ist häufig das Resultat von unklaren Zielsetzungen über unterschiedliche Hierarchieebenen eines Unternehmens hinweg. So gibt es häufig keinen Austausch über die Zielsetzungen zwischen verschiedenen Abteilungen und Bereichen, sodass im Unternehmen unbekannt bleibt, ob gleiche Zielsetzungen vorhanden, oder ob eventuell sogar konträre Zielsetzungen gesetzt worden sind. Auch strategische Zielsetzungen können hierdurch missverstanden werden, sodass bisweilen auch das Unternehmensergebnis hierunter leiden kann.

5. Leistungsmotivation: In verschiedenen Vertriebsvergütungssystemen werden auch so genannte Auszahlungsmodelle verwandt. Ein

wichtiges Thema der Auszahlungsmodelle ist der zeitliche Turnus von Auszahlungen. Dabei stärken so genannte Abschlagszahlungen die kurzfristige Motivation der Mitarbeiter. Um bei den Mitarbeitern auch die langfristige Motivation anzusprechen, wird im Vertrieb gerne folgende Vorgehensweise angewendet: Zunächst wird ein Grundgehalt gezahlt, welches unterhalb vergleichbarer und marktüblicher Gehälter liegt bzw. nicht den entsprechenden Profilanforderungen gerecht wird. Zusätzlich wird eine monatliche Abschlagszahlung bezahlt, die sich leistungsfördernd auf die Mitarbeiter auswirken soll. Damit diese wiederum auch langfristig motivierend wirkt, kann der Arbeitgeber einen so genannten virtuellen Bonustopf für Vertriebsmitarbeiter einführen. Dies dokumentiert den aktuellen Stand der noch fehlenden Bonuszahlungen die am Ende des Jahres erfolgen könnten. Der Bonustopf ist jedoch an für das Geschäftsjahr relevante und vordefinierte Zielvorgaben gekoppelt. Dies kann den Leistungswillen von Mitarbeitern nachhaltig fördern.

6. Leistungsumfeld: Führung spielt gerade in Vertriebsorganisationen eine wichtige, bisweilen jedoch unterschätzte Rolle denn Motivation hängt auch sehr von dem jeweiligen Umfeld ab, in dem Vertriebsmitarbeiter arbeiten. Führungskräfte sollten ihre Vertriebseinheiten nicht alleine mittels restriktiver Vertriebsvorgaben mit anschließendem

Soll-Ist-Abgleichen leiten. Das oben angesprochene Thema Competencies wäre beispielsweise ein mögliches Betätigungsfeld zur Weiterentwicklung von Mitarbeitern durch Führungskräfte. (3), (11)

Fallbeispiele

Der Sender ARD hat Erhöhungen der Gehälter über außertarifliche Zulagen von 19 Hauptabteilungsleitern beschlossen. Damit sorgt die Intendantin Dagmar Reim für Unruhe zwischen den Arbeitnehmern des Senders. Sendersprecher Ulrich Anschütz konstatiert, dass mit der Einführung dieses Vergütungskonzeptes mehr an Klarheit bei der Vergütung der Führungskräfte umgesetzt werden konnte. Notwendig sei dies vor allem nach der Fusion von Ostdeutschem Rundfunk Brandenburg und Sender Freies Berlin zum RBB geworden. (2)

Die Prettl GmbH Magnet- und Schaltertechnik aus Pfullingen hat ein teamorientiertes Anreizsystem für ihre Mitarbeiter eingeführt. Dabei spielen die Gemeinschaftsleistung in Form von Produktivität und Qualität aber auch der individuelle Ausbildungsstand und auch so genannte Könnerstufen bei der

Bemessung der Gehaltshöhe eine Rolle. Die Zielvorgaben werden mit Hilfe der internen Unternehmensziele und den entsprechenden Kundenprojekten ermittelt. Die Einführung eines leistungsabhängigen und teamorientierten Vergütungsmodells hat unter den Mitarbeitern die Motivation erhöht und die Personalfluktuation minimiert. (1)

Weiterführende Literatur

(1) Damit Engagement sich für beide Seiten rechnet
Gute Leistung soll sich in barer Münze auszahlen
aus Industrieanzeiger, Heft 35, 2005, S. 17

(2) ARD-Sender: Gehaltserhöhung für 19 Hauptabteilungsleiter
aus DIE WELT, 02.11.2005, Nr. 256, S. 30

(3) An Zielen und Leistung orientieren
aus Sales Business, Heft 2005/07, S. 12-18

(4) KLARTEXT TIM BÖGER ÜBER VARIABLE VERGÜTUNGSSYSTEME "Leistung honorieren"
Gehälter werden stärker am Umsatz und individuellen Erfolg ausgerichtet.
aus Hamburger Abendblatt, 23.04.2005, Nr. 94, S. 76

(5) Frauen werden schlechter bezahlt
aus VDI NR. 49 VOM 09.12.2005 SEITE 33

(6) Viele Unternehmen sind unzufrieden mit eigenem Vergütungskonzept
aus Frankfurter Allgemeine Zeitung, 12.11.2005, Nr. 264, S. 57

(7) Treue Frauen bestraft die Firma
aus Handelsblatt Nr. 219 vom 11.11.05 Seite k01

(8) Attraktive Gehälter sollen die Geschäftsführer binden
aus Frankfurter Allgemeine Zeitung, 05.11.2005, Nr. 258, S. 61

(9) Frage der richtigen Vergütung
aus HandelsZeitung vom 05.10.2005 Seite 58

(10) GMBH-GESCHÄFTSFÜHRER-VERGÜTUNG - Und es kommt doch auf die Größe an
aus ProFirma, Vol. 8, Heft 11/2005, S. 34

(11) Vergütungssysteme machen den Unterschied
aus Frankfurter Allgemeine Zeitung, 22.10.2005, Nr. 246, S. 61

Impressum

Vergütungsmanagement - wie transparent sind Gehaltsstrukturen?

Bibliografische Information der deutschen Nationalbibliothek

Die Deutsche Nationalbibliothek verzeichnet diese Publikation in der deutschen Nationalbibliografie; detaillierte bibliografische Daten sind im Internet über http://dnb.d-nb.de abrufbar.

ISBN: 978-3-7379-0183-3

© 2015 GBI-Genios Deutsche Wirtschaftsdatenbank GmbH, Freischützstraße 96, 81927 München, www.genios.de

Alle Rechte vorbehalten. Dieses Werk ist einschließlich aller seiner Teile – z.B. Texte, Tabellen und Grafiken - urheberrechtlich geschützt. Jede Verwertung außerhalb der Grenzen des Urheberrechtsgesetzes bedarf der vorherigen Zustimmung des Verlags. Dies gilt insbesondere auch für auszugsweise Nachdrucke, fotomechanische

Vervielfältigungen (Fotokopie/Mikroskopie), Übersetzungen, Auswertungen durch Datenbanken oder ähnliche Einrichtungen und die Einspeicherung und Verarbeitung in elektronischen Systemen.